La ciua...

MW01102202

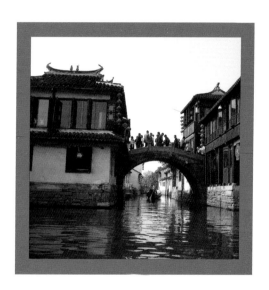

Texto por Donna L. Cuevas Roeder
Fotos por Elisabel Reyes y Miguel A. Cortez

Mira la ciudad.

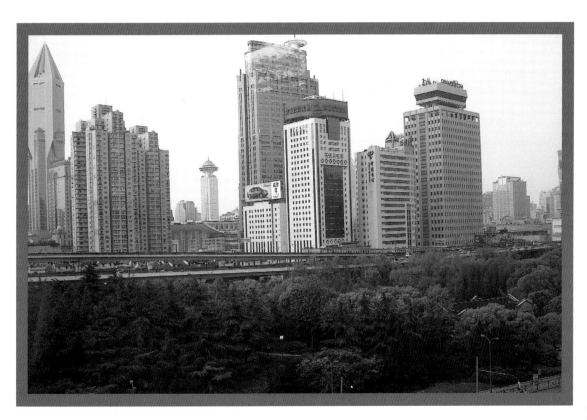

2

Mira el museo.

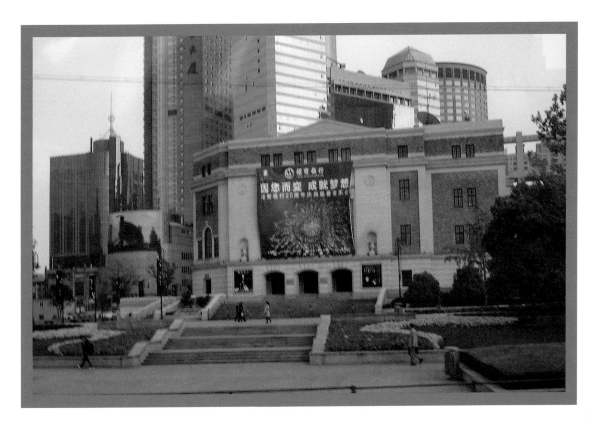

4

Mira el río.

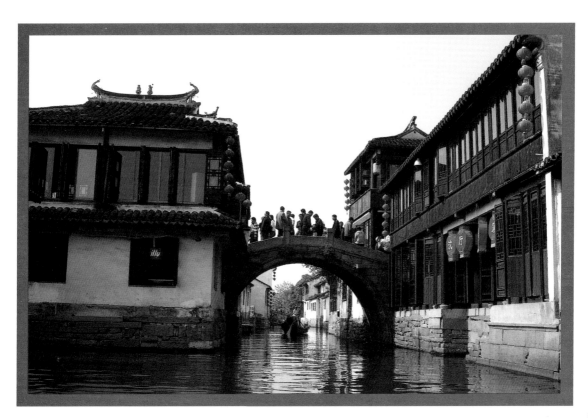

Mira las casas.

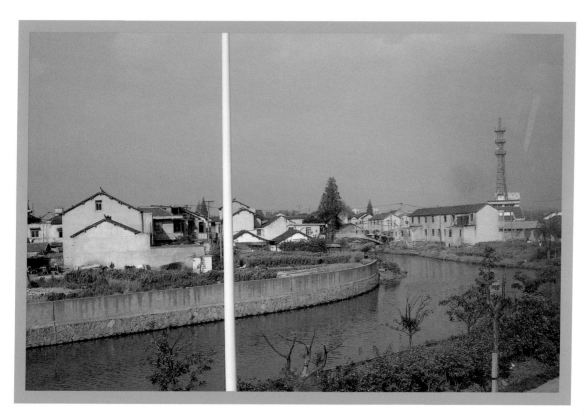

Mira el jardín.

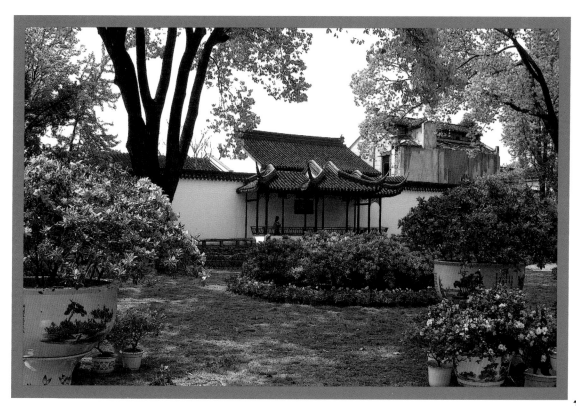

Mira las luces.

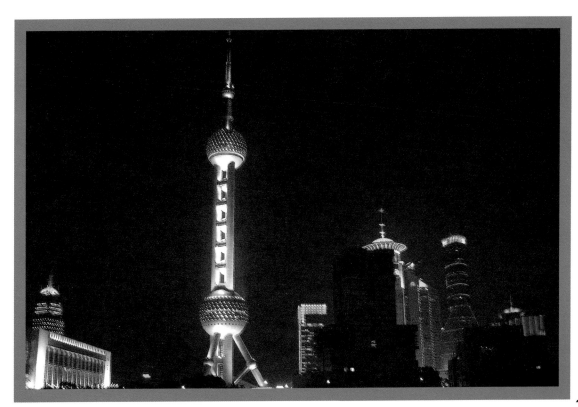

Mira la gente.

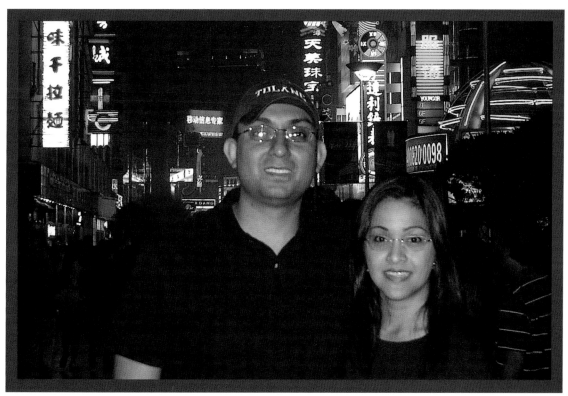